Widmung

DIE Sonnen Seiten DES LEBENS

Dieses Werk einschließlich aller seiner Teile ist urheberrechtlich geschützt. Jede Verwendung außerhalb der engen Grenzen des Urheberrechtsgesetzes ist ohne vorherige schriftliche Einwilligung unzulässig und strafbar. Das gilt insbesondere für Vervielfältigungen, Übersetzungen und die Einspeicherung und Verarbeitung in elektronischen Systemen.

Veröffentlichung und Verbreitung der Texte ist nach Anfrage und unter Angabe der Quelle jederzeit möglich.

© 2020 Gisela Rieger
Rosenweg 7 / 83104 Tuntenhausen-Beyharting
www.gisela-rieger.de / info@gisela-rieger.de

Gesamtgestaltung: Daniela Höfler, www.applevillage.de

Fotos: iStock; Christina Maria Sellner, Burghausen; Lukas Malecek

Druck: Gotteswinter und Aumaier GmbH

Printed in Germany

ISBN 978-3-9819881-2-3

INHALTSVERZEICHNIS

ES WAR
EINMAL ...

eine fantasievolle, belesene, begeisterungsfähige und mitreißende Frau, die auszog, mit 1001 Geschichten die Herzen vieler Menschen zu erobern ...

Dass ihr das gelingt, beweist eine ständig wachsende Leserschaft ihrer wundervoll geschriebenen und gestalteten Büchlein mit so ansprechenden Titeln wie „Inspirationen fürs Herz", „111 Herzensweisheiten", „Geschichten, die dein Herz berühren" und „Sinn-volle Geschichten 1-3".

Geschichten berühren nicht nur Kinder und Jugendliche. Auch wir Erwachsene lieben das Lesen und Hören von Geschichten, Erzählungen, Weisheiten und Zitaten. So erfreuen sich beispielsweise Erzählabende einer immer größer werdenden Beliebtheit. Warum ist das so, werden sich manche von uns fragen. Warum brauchen wir Geschichten?

Es ist überliefert, dass Werte, Haltungen, Lebensweisheiten, aber auch das Wissen schon seit Menschengedenken über Geschichten weitergegeben werden. Religionen verwenden beispielsweise Erzählungen und Gleichnisse, um ihre Lehren zu verbreiten. Und als es noch keine Bücher gab, gab es eben nur das „Narrativ" – das „von Mensch zu Mensch"- Erzählte. Eine möglichst bildhafte Sprache hilft dabei, sich Sachverhalte und Zusammenhänge gut zu merken. Wodurch ist das erklärbar?

Durch eine Sprache nämlich, die möglichst alle Sinnesorgane anspricht – die Klänge in den Ohren erzeugt, Bilder für die Augen bietet, Düfte für die Nase entstehen lässt – eine Sprache, die den Geschmackssinn anregt und die so gegenständlich ist, dass sich auch der Tastsinn angesprochen fühlt. Durch das Ansprechen unserer Sinnesorgane setzen wir uns viel besser gedanklich und gefühlsmäßig mit dem Erzählten auseinander, prägen uns dieses vielfältiger ein und lernen somit nachhaltig. Wir brauchen also GESCHICHTEN, um die Sache vor unseren Augen zu sehen, von ihr berührt zu

werden, tieferliegende Zusammenhänge zu erkennen, deren Sinnhaftig-
keit für uns zu ergründen, schließlich begeistert zu sein, uns davon mit-
reißen zu lassen und letztendlich nachhaltig zu lernen.

So hat nicht nur in die Schulbildung, sondern auch in die Bildung von Er-
wachsenen vermehrt das Erzählen von Geschichten Eingang gefunden.
Denn nachhaltig lernen wir nur, egal wie alt und wie vorgebildet wir sind,
mit „Kopf, Herz und Hand". Mit der passenden Geschichte zur Thematik
kann daher erreicht werden, dass wir über die Sache nachdenken. Vielleicht berührt sie uns so, dass sie uns zu Herzen geht und wir haben gleich
eine Handlungsanleitung für unsere Anliegen gefunden?!

Mit der passenden Geschichte oder Weisheit prägt sich der Sachinhalt,
egal, ob er zum Beispiel aus Mathematik, Physik oder Geschichte stammt,
eben bestenfalls dreifach ein und wird „nimmermehr" vergessen. Das ist
doch wunderbar!

Daher kann ich Sie nur bestärken, sich auf die Suche nach Ihren Geschichten zu machen, um viel von ihnen lernen.

Gisela Rieger hat Ihnen wiederum in diesem Band einen herrlichen Strauß
von begeisternden Geschichten zusammengestellt. Fühlen Sie sich hier-
mit eingeladen, nach Herzenslust in diesen Geschichten Sinnvolles für sich
zu entdecken.

Herzlichst Ihre
Dr. Sabine Schreiber-Costa

Dipl.- Psychologin und Leiterin Bildungsmanagement
bei der Berufsgenossenschaft der Rohstoffe und chemischen Industrie

DER BAUM
DER LIEBE

Als Großvater gestorben war, besuchte ich wieder öfter meine Großmutter. Häufig fand ich sie im Garten, auf ihrer Lieblingsbank unter einem Lindenbaum. Wie oft hatte ich in all den Jahren die beiden dort händchenhaltend sitzen sehen.

Als ich meiner Großmutter sagte, dass dieser Lindenbaum der allerschönste sei, den ich je in meinem Leben gesehen hätte, meinte sie: „Das ist ja auch keine gewöhnliche Linde, sondern ein Baum der Liebe. Dein Großvater und ich haben ihn gemeinsam zu unserer Hochzeit gepflanzt."

Ich nickte: „Deshalb ist er so prächtig gewachsen." Die Großmutter schüttelte den Kopf: „Der Baum wollte am Anfang nicht richtig gedeihen. Unsere Ehe war auch keine harmonische Beziehung. Wir zankten viel und stritten heftig, und nach drei Jahren überlegten wir sogar, ob wir uns nicht lieber trennen sollten. Zu dieser Zeit schien es, als ob unser Hochzeitsbaum eingehen würde.

So beschlossen wir, unsere Entscheidung von dem Bäumchen abhängig zu machen. Sollte es sterben, so wollten wir uns trennen. Sollte der Baum jedoch gedeihen, so wollten wir unserer Ehe noch eine Chance geben. Du wirst es kaum glauben, was dann geschah", sagte sie mit einem Schmunzeln.

„Immer wieder haben wir uns gegenseitig dabei ertappt, wie wir heimlich dem Bäumchen Wasser gaben."

> *Die Liebe ist schon manchmal ein „seltsames Spiel". Kann es sein, dass sich viele nicht trauen, über ihre wahren Gefühle zu sprechen? Kann es sein, dass manche denken: „Wenn mich mein Partner wirklich liebt, dann muss er doch wissen, wie es mir geht …!" Aber mal ganz ehrlich: Wie viele Hellseher kennst du?*

Liebe

Aus den Gedanken
der Liebe
werden Worte der Liebe.

Aus den Worten
der Liebe
werden Taten der Liebe.

Aus den Taten
der Liebe
werden Wunder geboren.

Momente...

Jeder Augenblick
ist so wunderbar,
wie du ihn empfindest.

Jeder Glücksmoment
ist so unvergesslich,
wie du ihn wertschätzt.

Jeder Mensch
ist so besonders,
wie du ihn mit dem Herzen siehst.

der Liebe

GEBEN,
ohne zu fordern,
NEHMEN,
ohne zu besitzen,
HELFEN,
ohne zu fragen,
HALTEN,
ohne zu fesseln,
BERÜHREN,
nur mit dem Herzen –

... das ist für mich
LIEBE.

LIEBE
BEDEUTET

Achtsamkeit

Begeisterung

Chance

Dankbarkeit

Emotionen   **M**iteinander

Freude   **N**ähe

Güte   **O**ffenheit

Hingabe   **P**artnerschaft

Interesse   **Q**uelle des Glücks

Ja zum Leben   **R**omantik

Küssen   **S**innlichkeit

Leichtigkeit   **T**iefe

Unterstützung

Verstehen

Wertschätzung

X-Zuneigung

Meine Tochter Katharina mit Schwiegersohn Felix

DIE KUNST
DER GEMEINSAMKEIT

Zusammen mit ihrer Familie feierten Berta und Josef ihren 60. Hochzeitstag. Sie galten als ein sehr harmonisches Ehepaar.

Sie wurden von ihren Enkelkindern befragt: »Wie habt ihr es geschafft,
dass ihr nach so langer Zeit immer noch zusammen seid?«

Opa schmunzelte und die Oma gab zur Antwort: » Wisst ihr, wir wurden in
einer Zeit geboren, in der man kaputte Dinge noch reparierte, anstatt sie
einfach wegzuwerfen!«

Aus dem Buch: „Inspirationen für`s Herz"

Liebe, Vertrauen, Ehrlichkeit, Wertschätzung und Gemeinsamkeit –
das sind die fünf Grundsäulen für eine glückliche Beziehung.

Du&Ich

Eine gute Beziehung
gleicht zwei Bäumen,
die im richtigen Abstand
nebeneinander wachsen dürfen.

IN SICH
RUHEN

Vor etlichen Jahren mussten die Frauen eines Dorfes täglich zu einem weit entfernten Brunnen gehen, um Wasser zu holen. Eine junge Mutter beobachtete dabei immer wieder eine ältere Frau. Jedes Mal, wenn diese an den Brunnen kam, setzte sie sich erst einmal lächelnd unter einen schattenspendenden Baum, machte Rast und meditierte dabei.

Als sich die Frau eines Tages gerade von ihrer Mediation erhoben hatte und an den Brunnen ging, um Wasser zu schöpfen, sprach die Jüngere sie an: „Verzeih mir meine Frage, doch schon oft habe ich dich wahrgenommen. Du strahlst eine unglaubliche Zufriedenheit aus und scheinst vollkommen in dir zu ruhen. Sag mir doch bitte: Wie nur gelingt dir das?"

Die Angesprochene ging zu ihr an den Brunnen, aus dem sie gerade Wasser geschöpft hatte. Sie fragte: „Schau in das Wasser und sag mir, was du siehst." Die junge Frau meinte, dass sie gar nichts sehe. Nach einer Weile wurde sie nochmals aufgefordert, in den Brunnen zu schauen, da meinte die Frau: „Jetzt sehe ich mein Spiegelbild." Nach einer weiteren Weile sollte sie sagen, was sie nun erkennen würde. Da war die junge Frau erstaunt, denn nun, da das Wasser ruhig war, erkannte sie den Grund des Brunnens.

Da erklärte die Ältere: „In deinem Tun bist du aufgewühlt, wie das Wasser, aus dem du geschöpft hast und du hast keinen klaren Blick. Du musst dir Pausen gönnen, um dich selbst zu erkennen. In der Stille der Meditation, wenn du lange genug wartest, siehst du den Grund aller Dinge."

> *Erst wenn unser Geist zur Ruhe kommt, können wir wahrhaft unseren inneren Stimmen lauschen.*

Stille

Manchmal brauche ich die
Momente der Stille,
um meine innere Stimme zu hören.

Manchmal brauche ich die
Momente mit geschlossenen Augen,
um mit meinem Herzen zu sehen.

Manchmal brauche ich die
Momente der Erholung,
um das Leben in vollen Zügen
genießen zu können.

Herz &

Hab weniger Angst,
dafür mehr Vertrauen.

Hab weniger Sorgen,
dafür mehr Hoffnung.
Hab weniger Hektik,
dafür mehr Ruhe.

Hab weniger Tränen,
dafür mehr Freude.
So wirst du in deinem Leben
weniger Tiefen,
dafür mehr Höhen erleben dürfen.

Verstand

Herz und Verstand
in Einklang zu bringen,
ist oftmals gar nicht so einfach.

Manchmal braucht
das Herz viel mehr Zeit,
um etwas zu akzeptieren,
was der Verstand längst
erkannt hat.

Und bisweilen ist es auch umgekehrt.

JEDEM MENSCHEN
RECHT GETAN

Einst begab sich ein Großvater mit seinem Enkelsohn auf eine Reise. Der Großvater saß auf einem Esel, den der Junge führte. Als sie an einem Feld vorüberkamen, empörte sich eine Bäuerin: „Wie kannst du es dir nur auf dem Esel bequem machen, wenn neben dir der kleine Knabe mit seinen kurzen Beinchen kaum mitlaufen kann?"

Daraufhin setze der Alte seinen Enkel auf den Esel, und sie zogen weiter. Kurze Zeit später trafen sie auf einen Wanderer, der verständnislos den Kopf schüttelte: „Hat man das schon mal gesehen? Der kleine Knilch thront wie ein König auf dem Esel und lässt den alten Mann neben sich herlaufen!"

Dies war dem Jungen peinlich, und er bat seinen Großvater, hinter ihm aufzusteigen. Nun ritten beide friedlich auf ihrem Esel weiter. Doch kaum hatten sie das nächste Dorf erreicht, keifte eine griesgrämige Frau: „Um Himmels Willen! Was für eine Tierquälerei! Dem armen Esel hängt der Rücken durch, und ihr rücksichtslosen Leute ruht euch auf ihm aus, als wäre er ein Diwan. Mit dem Stock sollte man euch von dem grauen Gesellen herunterjagen!"

Die Zurechtgewiesenen stiegen betreten ab und führten den Esel. An der nächsten Straßenecke machten sich ein paar Männer über sie lustig: „Wie dumm kann man nur sein? Wozu führt ihr einen Esel spazieren, wenn er nicht einmal einen von euch beiden trägt?"

Der Großvater gab dem Esel am nächsten Brunnen zu trinken und sprach zu seinem Enkel: „Einerlei, was wir machen, es findet sich doch immer jemand, der damit nicht einverstanden ist. Daher merke dir mein Junge: Wichtig ist nicht, was andere denken oder sagen. Was wirklich zählt, ist, dass du hinter dem stehen kannst, was du für richtig hältst!"

Nach einer alten Geschichte

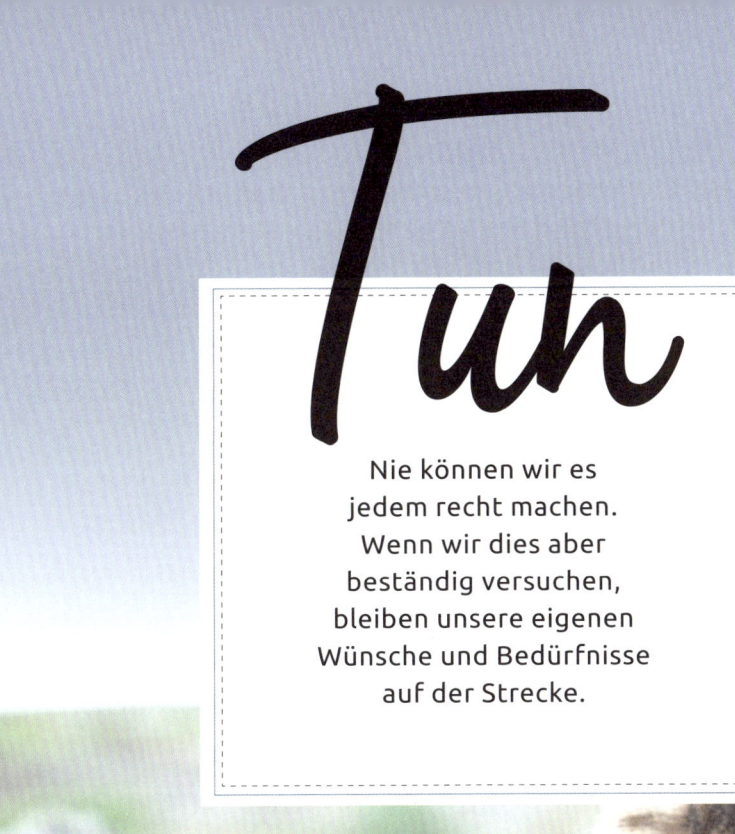

Tun

Nie können wir es
jedem recht machen.
Wenn wir dies aber
beständig versuchen,
bleiben unsere eigenen
Wünsche und Bedürfnisse
auf der Strecke.

Leb dein

Leb dein Leben so,
dass es sich
in deinem Inneren
gut anfühlt,
und nicht eines,
das für andere
im Außen
gut aussieht.

Leben

Wir selbst wählen
uns die Farben aus,
mit denen wir
die Leinwand
unseres Lebens bemalen.

LOB UND
BESTÄTIGUNG

Es begann an einem regnerischen Montagmorgen. In der Firma fand die Reinigungskraft in ihrem Putzwagen einen Brief mit folgendem Inhalt: „Ich möchte mich bei Ihnen bedanken! Sie haben stets ein Lächeln auf Ihren Lippen und machen sich sogar noch die Mühe, überall frische Blumen aufzustellen." Am Ende des Briefes stand noch: „Es würde mich freuen, wenn Sie zwei Menschen finden, denen Sie auch ein aufrichtiges Lob zukommen lassen könnten."

Mittags las der Portier: „Es ist beeindruckend, mit welcher Freundlichkeit und Wertschätzung Sie allen Menschen begegnen …"

Der Küchenchef staunte: „Ich bedanke mich bei Ihnen für die Gaumenfreuden, die Sie mir zukommen lassen. Sie sind ein begnadeter Koch …"

Eine Frau in der Buchhaltung las: „Danke dafür, dass Sie für alle ein offenes Ohr haben. Ihre Hilfsbereitschaft ist enorm …"

So geschah es, dass beinahe unmerklich immer mehr Mitarbeiter mit einem Lächeln bei der Arbeit waren. Sie hielten stärker zusammen und unterstützten sich gegenseitig. Innerhalb nur eines Jahres hatte sich das Betriebsklima sehr zum Positiven gewandelt. Die Krankheitsraten waren enorm gesunken - der Jahresumsatz hingegen phänomenal gestiegen.

Es bleibt für immer ein Geheimnis, wer den Anstoß für die positiven Brieflein gegeben hat. Wichtiger ist die Erkenntnis, dass lobende Worte nicht nur motivieren, sondern auch Balsam für die Seele sind.

Verteile großzügig Lob und Anerkennung und sei sparsam mit Kritik.

Worte

Du bist frei, das zu sein,
was du gerne sein möchtest.

Daher gib dir selbst die
Liebe und Anerkennung,
die du dir von anderen wünschst.

Du bist

Kritik ausüben -
das kann jeder, das geht schnell,
deshalb wird allerorts und
allzugern kritisiert.
Mit Bedacht ein Lob aussprechen ist
schon schwerer, das kann nicht jeder.

Was für die Götter der Weihrauch,
ist für den Menschen das Lob!

wunderbar

Ein wunderschönes Kompliment,
das man besonderen
Menschen machen kann,
ist offen und ehrlich zu sagen:

„Schön, dass es dich gibt!"

ICH
WÜNSCHE MIR ...

Die Schüler einer Abiturklasse bekamen folgendes Thema zu einem Aufsatz: Schreibe über deine Wünsche, Träume und Ziele.

Beim Korrigieren der Hefte bemerkte die Lehrerin, dass viele Schüler ein schnelles Auto, ein großes Haus, viel Geld und ausgedehnte Urlaubsreisen anstrebten.

Die folgenden Zeilen eines Mädchens allerdings rührten die Lehrerin zu Tränen: „Ich möchte nie wieder hungern müssen und wünsche mir, immer in der Lage zu sein, andere zum Essen einzuladen.

Ich möchte nie wieder frieren müssen und wünsche mir, dass kein Mensch mehr unter der Brücke schlafen muss.

Ich möchte nie wieder geschlagen werden und wünsche mir, dass die Gewalt endlich ein Ende nimmt.

Ich möchte Brücken bauen, damit die Menschen wieder zueinander finden.

Ich möchte der Oberflächlichkeit mehr Tiefe und der Traurigkeit mehr Freude geben.

Ich möchte dem Hass mehr Liebe und der Wehmut mehr Leichtigkeit geben.

Ich wünsche mir viele Lichter anzuzünden, um die Dunkelheit zu vertreiben.

Ich wünsche mir, dass die Menschen mehr auf ihr Herz und weniger auf ihren Verstand hören.

Ich wünsche mir Menschen, denen ich vertrauen kann, die mich lieben, die mich in den Arm nehmen und für mich da sind.

Mein Ziel ist, die Welt ein wenig besser zu machen, weil ich lebe."

Wunder

Wenn man viele
Wünsche, Träume und Ziele hat,
jedoch keinerlei Erwartungen,
folgen auch keinerlei Enttäuschungen,
aber es entstehen oftmals
kleine Wunder.

Seelen

Was mich an Menschen
wirklich beeindruckt,
ist ihre Fähigkeit zu
Dankbarkeit, Herzlichkeit,
Hilfsbereitschaft, Großzügigkeit,
Ehrlichkeit, Respekt, Gerechtigkeit,
Verständnis, Zuverlässigkeit, Toleranz,
Integrität, Wertschätzung ...

und ganz besonders zur Liebe.

Mensch

Menschen,
die dich wirklich lieben,
gehen mit deiner Seele
genau so um,
als wäre es die ihre.

IMMER
WIEDER

„Ich bin auf der ganzen Welt bekannt und gefürchtet", eröffnet voller Stolz der Schicksalsschlag seine Rede. „Meine Schläge kommen stets unerwartet, sie sind grausam und erbarmungslos hart. Alle habe ich damit bisher in die Knie gezwungen: Die Liebe, die Treue, die Wahrheit und viele weitere meiner größten Widersacher! Nur an meiner größten Gegnerin scheitere ich nach wie vor. Nicht nur, dass sie von ganz alleine immer wieder auf die Beine kommt - sie hilft auch allen anderen dabei, wieder aufzustehen!"

Neugierig wird er gefragt, wer denn so mächtig sein könne, ihm Paroli zu bieten.

Etwas kleinlaut antwortet darauf der Schicksalsschlag: „Die Hoffnung – denn die Hoffnung stirbt zuletzt."

Gib niemals auf und verliere niemals die Hoffnung,
denn an jedem neuen Tag können Wunder geschehen.

Hoffnung

Wenn du am Boden bist,
verliere nie die Hoffnung,
dass es wieder aufwärts geht.

Nur so bekommst du die nötige Kraft,
um wieder durchzustarten.

Weg des

Im Leben gibt es immer Menschen,
die dir Steine in den Weg legen,
andere helfen dir,
diese wieder aus dem Weg zu räumen,
und manchmal kannst du dir
etwas Schönes daraus bauen.

Lebens

Manchmal werden wir vom Leben
ganz schön herausgefordert!
Dann fragen wir uns,
was wohl richtig oder falsch ist.
Ich glaube, dass man mit Liebe,
Ehrlichkeit und mit einer Prise Humor
die allerbesten Erfolge erzielen kann.

SEIN BESTES GEBEN ...

Eine alte Frau ging durch ihren Garten und wurde traurig. Obwohl der Frühling schon längst ins Land gezogen war, wollte ihr einst grünes Paradies nicht erblühen. Stattdessen sah sie nur welkende Blumen und sterbende Bäume. Die Frau konnte nicht verstehen, was geschehen sein mochte.

So fragte sie sämtliche Bäume, Sträucher und Blumen, weshalb sie nicht mehr leben wollten. Da plapperten plötzlich alle durcheinander: Die Birke wollte nicht mehr leben, da sie nie so groß werden würde wie die Eiche. Die Eiche wollte nicht mehr sein, weil sie keine Äpfel tragen konnte. Der Apfelbaum wollte im Winter grün sein wie die Tanne. Das Nadelholz hingegen wollte bunt sein wie die Tulpen, und diese verzweifelten, weil sie nie so groß werden konnten wie die Sonnenblumen ...

Plötzlich entdeckte die Frau im letzten Winkel ihres Grundstückes einen Hagebuttenstrauch, der in voller Blüte stand. Hunderte von feinen rosaroten Blüten schienen ihr entgegenzulächeln. Sie erkundigte sich bei der Hagebutte, weshalb sie als einzige Pflanze nicht im Sterben lag.

„Ich habe mich taub gestellt, als sich die Gartenbewohner miteinander verglichen, gegenseitig beleidigten und ihre Lebensfreude verloren. Du hast mich selbst gepflanzt, so dachte ich, dass ich auch eine Hagebutte sein soll und kein Rosenstrauch. Da ich eh nichts anderes sein kann, als ich ohnehin bin, gab ich mein Bestes, um die prächtigste Hagebutte zu sein!"

Wir brauchen nicht mehr Gelegenheiten, mehr Talente oder mehr Kräfte. Was wir am meisten brauchen, ist der Wille, das zu nutzen, was wir haben.

Selbst

Auf der Reise zur
Sonnenseite des Lebens
sollten Selbstliebe, Selbstwert,
Selbstvertrauen, Selbstverantwortung
und Selbstkontrolle
im Gepäck nicht fehlen.
Dann findest du selbst
an trüben Regentagen die Sonne in dir.

Gisela Rieger & Edeltraud Haischberger

Du bist

Wenn dir dein Selbstbild
nicht gefällt,
solltest du deinen
Blickwinkel verändern
und ihn auf deine Fähigkeiten,
Stärken und positiven
Eigenschaften richten.

es wert!

Du solltest es dir wert sein,
all jenes, was dich erfüllt
und glücklich macht,
jetzt zu tun und nicht auf
später zu verschieben.
Denn es wird der Zeitpunkt kommen,
an dem es zu spät ist,
all das Verschobene nachzuholen.

EINZIGE
CHANCE

Ein Geschäftsmann hatte einen harten Arbeitstag hinter sich und freute sich auf seine Frau, seine Kinder und das gemütliche Heim. Beschwingt fuhr er daher mit seinem neuen Sportwagen über die Landstraße, ohne dabei auf Geschwindigkeitsbegrenzungen zu achten. Kurz vor einer unübersichtlichen Kurve zuckte der Mann erschrocken zusammen und legte eine Vollbremsung hin. Irgendetwas Hartes war auf seinen Wagen geprallt. In letzter Zeit hatte er öfter von Jugendlichen gehört, die zum Spaß Steine von Autobahnbrücken geworfen und dabei schreckliche Unfälle und immense Schäden verursacht hatten, daher legte er den Rückwärtsgang ein und fuhr an die Stelle zurück, wo der Stein sein Auto getroffen hatte. Er traute kaum seinen Augen, als er dort einen Jungen stehen sah, der nicht weggelaufen war, sondern ihm zuwinkte. Diese Dreistigkeit war dem Mann zu viel, und er brüllte den Jungen an, was ihm denn einfiele, mit Steinen zu werfen, und ob er sich auch nur vorstellen könne, wie hoch der Schaden sei, den er gerade angerichtet habe und was wohl seine Mutter dazu sagen würde … „Bitte, bitte helfen Sie mir", unterbrach ihn der Junge voller Verzweiflung. „Bitte rufen Sie einen Krankenwagen für meine Mama, sie ist bewusstlos und blutet ganz stark!" Da erst nahm der Mann das tränenüberströmte und blutverschmierte Gesicht des Kleinen wahr. Der Junge erklärte: „Ein Auto kam uns auf unserer Seite entgegen und hat uns gerammt. Meine Mama konnte da gar nichts dafür! Wir haben uns überschlagen und wurden die Böschung hinuntergeschleudert. Mir ist nichts passiert. Aber ich konnte keine Hilfe holen, denn kein einziges Auto wollte anhalten – jedes ist einfach an mir vorbeigefahren. Ich wusste mir nicht anders zu helfen, als einen Stein nach Ihnen zu werfen. Ich bin mir sicher, dass meine Mama den Schaden bezahlen wird." Der Mann war zutiefst betroffen. Er ließ sich den Schaden nie bezahlen und auch die vom Steinwurf verursachte kleine Beule nicht reparieren, denn sie sollte ihn immer daran erinnern: Statt durch das Leben zu rasen, sollte man dem Leben mehr Achtsamkeit schenken.

Achtsamkeit

Wer achtsam durchs Leben geht,
an dem rast das Leben
nicht so schnell vorbei.

Zwischen

Menschen sind wie Bücher,
manche blenden mit der Aufmachung,
manche überraschen mit dem Inhalt,
von manchen mag man sich gar nicht
mehr trennen.

den Zeilen

Verurteile niemals
vorschnell Menschen und
halte nichts für unmöglich.
Denn es gibt vieles,
das nicht seine Stunde bekäme,
wenn man nicht daran glauben würde!

ZEIT FÜR
GEMEINSCHAFT

Die einzige Wasserquelle eines indischen Dorfes lag weit entfernt. So verbrachten die Frauen täglich mehrere Stunden damit, das benötigte Wasser über die staubigen Straßen in großer Hitze nach Hause zu tragen.

Dabei erzählten sie sich oft von ihren Sorgen und Nöten, um sich gegenseitig Rat zu geben und Trost zu spenden. Gerne sangen sie auch ihre Lieder oder erzählten sich Geschichten, um sich von der schweren Arbeit abzulenken.

Eines Tages entdeckte ein Reisender eine unterirdische Wasserquelle inmitten des Dorfplatzes. Die Männer beschlossen, einen Brunnen zu graben, um ihren Frauen das Leben leichter zu machen.

Die Frauen hatten zwar nun viel mehr Zeit, doch die anfängliche Freude über den Brunnen war schnell verflogen.

Sie vermissten die vielen guten Gespräche, Geschichten und Gesänge mit den anderen Frauen.

Die Dorfälteste wusste Rat: Die Frauen versammeln sich seither täglich zur Teestunde am Brunnen ...

Sie erkannten, dass viel Arbeit, die mit viel Freude verbunden ist, einfacher zu bewältigen ist, als weniger Arbeit, die mit weniger Freude verbunden ist.

Manchmal braucht es seine Zeit, bis man erkennt, dass die einfachen Dinge des Lebens die wahrhaft Großen sind.

Zeit

**IM LEBEN GIBT ES FÜR ALLES
SEINE ZEIT.**

Eine Zeit des Zusammenfindens.
Eine Zeit des Zusammenbleibens.
Eine Zeit der Vertrautheit.
Eine Zeit des Füreinanderdaseins.
Eine Zeit des Abschieds.
Eine Zeit der Trauer.
Eine Zeit der Zuversicht.
Eine Zeit für den Neubeginn.
Eine Zeit der Freude.

**NUR DIE LIEBE IST
AN KEINE ZEIT GEBUNDEN.**

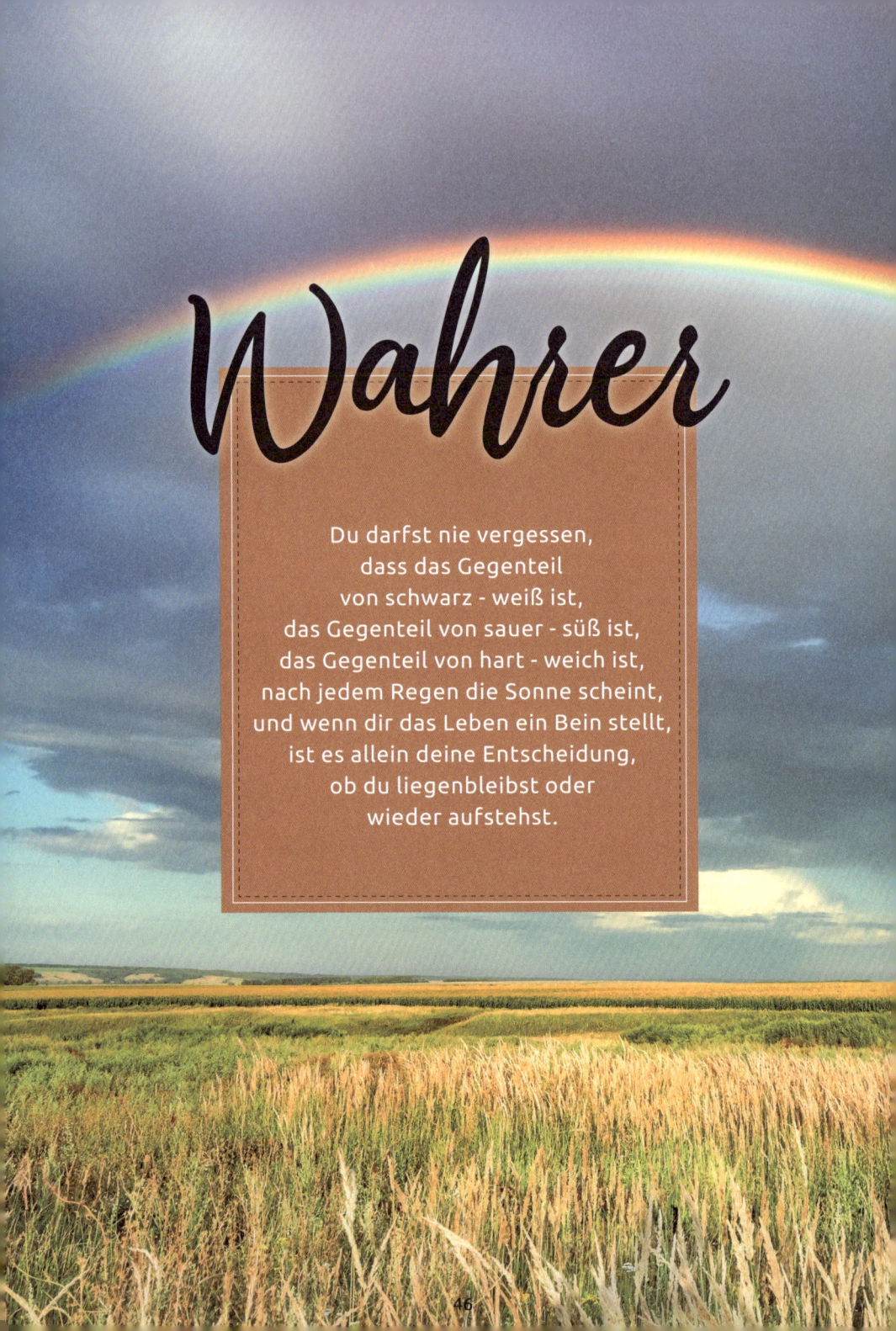

Wahrer

Du darfst nie vergessen,
dass das Gegenteil
von schwarz - weiß ist,
das Gegenteil von sauer - süß ist,
das Gegenteil von hart - weich ist,
nach jedem Regen die Sonne scheint,
und wenn dir das Leben ein Bein stellt,
ist es allein deine Entscheidung,
ob du liegenbleibst oder
wieder aufstehst.

Wert

Vieles im Leben erscheint
selbstverständlich.
Oftmals erkennt man
den wahren Wert der
Selbstverständlichkeiten erst dann,
wenn sie nicht mehr
selbstverständlich sind.

EINE
KÖNIGLICHE BLUME

Es war einmal ein Prinz, der sich unter den vielen Frauen des Landes nicht entscheiden konnte, welche er zur Ehefrau nehmen wollte. Natürlich sollte die künftige Braut auch schön sein, aber ebenso wichtig war ihm, dass er ihr blind vertrauen konnte. Dem Ratschlag seiner klugen Mutter folgend, wurden alle Mädchen im heiratsfähigen Alter zu einem Fest geladen. Der Prinz überreichte jeder jungen Frau ein Samenkorn und erklärte, dass er diejenige, welche nach zwölf Wochen die schönste Blume brächte, zu seiner Gemahlin nehmen würde.

Eine junge Prinzessin, die den Thronfolger schon seit langer Zeit heimlich verehrte, nahm glücklich ihr Samenkorn entgegen und setzte es mit viel Liebe und Sorgfalt in fruchtbare Erde. Voller Hingabe bewässerte und düngte sie es und redete ihm gut zu. Woche um Woche verging, aber der Samen wollte nicht aufgehen. Die Prinzessin holte sich Rat beim Gärtner, doch auch der Experte wusste nicht, wie er ihr helfen konnte.

Als die zwölf Wochen vorüber waren, ging die Prinzessin schweren Herzens mit ihrem Blumentopf, ohne jegliches Grün, zum Schloss. Im Empfangssaal verbreitete sich ein betörender Duft von den vielen herrlich leuchtenden Blumen, welche die Damen mitgebracht hatten. Der Prinz betrachtete jede einzelne von ihnen. Im Anschluss verkündete er, dass er seine Wahl getroffen habe, und ging auf die junge Prinzessin zu. Sofort beschwerten sich die anderen Frauen, dass die Entscheidung gerade für jene gefallen war, die nicht einmal den Samen hatte zum Keimen bringen können! Daraufhin erklärte der Prinz, dass seine Auserwählte die einzig würdige Braut in diesem Raum sei. Dabei blickte er mit königlicher Strenge in die Runde und verkündete: „Vor zwölf Wochen habe ich jeder einzelnen von euch einen unfruchtbaren Samen überreicht. Eine Blume hätte gar nicht gedeihen können. Meine zukünftige Gemahlin brachte mir daher die allerschönste Blume. Die Blume der Ehrlichkeit."

Ehrlichkeit

Es gibt Menschen,
die können trotz:
Ehrlichkeit, Gerechtigkeit,
Hilfsbereitschaft,
Vertrauenswürdigkeit, Herzlichkeit,
Wertschätzung
und Zuverlässigkeit ...
vieles verlieren.

Aber egal was kommt:
Sie verlieren niemals ihr Gesicht!

Höhen &

Es gibt Lebenskrisen,
in denen du denkst,
dass du ausgebrannt und kraftlos bist.
Wie stark du wirklich bist,
erkennst du,
wenn du diese Situationen
gemeistert hast.

Tiefen

Wer einmal die Tiefen
des Lebens kennengelernt hat,
weiß die Höhen
umso mehr zu schätzen.

LEBENS
ABSCHNITTE

Ich führte eine sehr glückliche Ehe, jedenfalls über viele Jahre hinweg. Mein Mann und ich haben uns während des Studiums kennen- und lieben gelernt, und beiden war uns klar, dass unsere Herzen für immer zusammengehörten. So haben wir schon nach nur einem Jahr „wilder Ehe" geheiratet. Wir waren auch für all unsere Freuden das „Vorzeigeehepaar", wie sie uns oft benannten. Ja, wir liebten uns unendlich, hielten zusammen, bauten gemeinsam unser Traumhaus, bekamen unsere drei Wunschkinder, hatten keine großen finanziellen Sorgen, … beinahe wie im Bilderbuch.

Ich kann auch gar nicht mehr sagen, wie und wann genau sich das veränderte. Die Kinder waren alle längst aus dem Haus, aber sie besuchten uns regelmäßig mit unseren Enkelkindern. Das waren dann gute Tage, es kam Leben zurück in unser trautes Heim. Aber wenn der Besuch wieder weg war, befiel uns das große Schweigen. Wir hatten uns nichts mehr zu sagen, wir stritten nicht einmal. Es war nur so, dass wir immer häufiger getrennte Wege gingen. Während mein Mann jede freie Stunde auf dem Golfplatz verbrachte und die Abende oft mit seinen Freunden beim Kartenspiel, unternahm ich mit meinen Freundinnen diverse Bergtouren und ging abends gerne in Konzerte oder zu Theateraufführungen.

> *Die wertvollsten Reichtümer kann man nicht kaufen:*
> *Glück, Zufriedenheit, Gesundheit, Dankbarkeit und Liebe.*

Dann stand wieder einmal Weihnachten vor der Tür, wir beide waren ganz alleine, da unsere Kinder mit den Enkeln immer erst am zweiten Weihnachtsfeiertag eintrudelten. Vollkommen emotionslos blickten mein

Mann und ich auf den festlich geschmückten Christbaum. Keiner hatte, wie früher üblich, für den anderen ein mit Liebe ausgesuchtes Geschenk besorgt, da wir gar nicht mehr wussten, was wir uns gegenseitig schenken sollten. Wie sagt man so schön – die Luft war raus! Aber wir kamen nach langer Zeit endlich wieder ins Gespräch.

Wir mochten und schätzten einander nach wie vor – aber die Liebe war verschwunden – es war einfach passiert, sozusagen ein schleichender Prozess, und keiner konnte sagen, wann und wie dies genau geschehen war.

Mein Mann ging in den Keller und kam mit einer Flasche unseres Lieblingsrotweins zurück. Wir redeten und redeten bis weit nach Mitternacht. Wir beschlossen, dass jeder für sich zwei Wochen Urlaub machen würde, um sich über seine Gefühle klar zu werden.

> *Wer gegen seine Gefühle ankämpft, der wird meist den Kampf verlieren.*
> *Wer dagegen all seine Gefühle zulässt, der wird meist vieles gewinnen.*

Mein Mann buchte also eine Golfreise in wärmeren Gefilden, und ich zog mich in ein kleines Hotel in ein verschlafenes Bergdörfchen zurück.

Während meiner täglichen Wanderungen dachte ich viel nach. Über mich, mein Leben und meine Ehe. Ich war weder traurig noch glücklich, eher überwog das Gefühl einer großen Dankbarkeit für die vielen guten Jahre, und auch eine gewisse Abgeklärtheit stellte sich ein.

Nach einer Woche Wanderurlaub saß mir beim Abendessen ein neu angereister Gast am Nebentisch gegenüber. Er grüßte freundlich und schaute mir kurz in die Augen. Ich weiß nicht, wie das geschah – aber ich bekam Herzklopfen, und die Röte stieg mir ins Gesicht, ich fühlte mich wie ein Teenager. An diesem Abend saß ich nicht lange allein an meinem Tisch, mein äußerst sympathischer Tischnachbar spendierte eine Flasche Wein, und so waren wir die letzten Gäste, die ein wenig beschwipst das Restaurant verließen.

Meine zweite Urlaubswoche verbrachte ich von morgens bis abends mit meiner neuen Bekanntschaft. Es fühlte sich an, als ob wir uns schon seit Jahren kennen würden. Vielleicht lag es an unserem gemeinsamen Thema, denn auch er machte „Urlaub von der Ehe", um sich klar zu werden, ob er und seine Frau zusammenbleiben oder sich trennen sollten.

Wir sprachen über Gott und die Welt und stellten fest, dass wir viele gemeinsame Interessen hatten.

Unsere Augen sprachen zwar Bände, aber beide vermieden wir es stets, uns körperlich näher zu kommen. An unserem letzten gemeinsamen Tag bestiegen wir, schweigsam nebeneinander im Gleichschritt einhergehend, den Berg. Mir war nicht nach einer Unterhaltung zumute, und meine Gedanken drehten sich im Kreis.

Vermutlich war ich, abgelenkt vom Kopfkino, ein wenig unachtsam. Ich machte, kaum am Gipfel angekommen, einen falschen Schritt, kam ins Rutschen und landete prompt sicher in den Armen meines Begleiters.

So kam es, wie es kommen musste: Wir lagen uns in den Armen und gaben uns einen filmreifen Kuss – bei dem es freilich nicht blieb. Wir konnten es kaum erwarten, vom Gipfel ins Hotel zu kommen, wo wir die Zimmertür hinter uns schlossen und uns treiben ließen. Mein Verstand hatte komplett ausgesetzt und mein Gefühl hatte die Regie übernommen. Es waren unvergesslich schöne Stunden, die wir miteinander erlebten.

Die Sternstunden meines Lebens sind gefüllt mit Liebe, Dankbarkeit und ganz viel Lebensfreude.

Am nächsten Morgen, als wir müde und eng umschlungen aufwachten, waren wir zwar überglücklich, allerdings hatten wir beide auch ein schlechtes Gewissen – schließlich waren wir ja in den Urlaub gefahren, um darüber nachzudenken, ob man der bestehenden Ehe noch eine Chance geben sollte. O.K., ich hatte ja zumindest eine Woche Zeit zum Nachdenken gehabt, und mein Herzensmann hatte noch eine Woche vor sich. Um unser Gewissen ein wenig zu bereinigen, beschlossen wir beim Abschied, keinerlei Kontaktdaten auszutauschen. Wir wollten, unbeeinflusst vom jeweils anderen, ganz unabhängig und frei entscheiden können, ob wir unsere langjährigen Beziehungen aufrechterhalten wollten oder nicht.

So beschlossen wir für den Fall, dass wir in fünf Wochen beide frei sein sollten, uns in Salzburg zu den Festspielen zu treffen. Das genaue Datum sowie die Uhrzeit für den „eventuellen" Treffpunkt wurden festgelegt.

Als ich wieder zuhause angekommen war, verflogen meine Gewissensbisse schnell, denn mein Mann fiel gleich mit der Tür ins Haus und teilte mir mit, dass er sich im Urlaub verliebt habe.

Erleichtert umarmte ich ihn und erzählte, dass ich dies zwar nicht erwartet, es aber bestens verstehen konnte.

Nun bereute ich es zutiefst, mit meinem Herzensmann keine Kontaktdaten ausgetauscht zu haben. Ich wusste nur seinen Vornamen und dass er in Salzburg lebte. Kurz überlegte ich, wie viele Josefs es wohl in dieser Stadt geben würde. Vermutlich genauso viele, wie Michaelas in München. Also musste ich die fünf langen Wochen bis zu unserem Wiedersehen abwarten. Fünf Wochen voller Sehnsucht!

> *Die Zeit vergeht zu langsam, wenn man traurig ist. Die Zeit vergeht zu schnell, wenn man glücklich ist. Die Zeit wird einem lang, wenn man krank ist. Die Zeit verfliegt, wenn man verliebt ist.*

Aber dann kam endlich der Tag. Voller Vorfreude besorgte ich mir ein Ticket für den früheren Zug, sodass auf keinen Fall etwas schiefgehen konnte! Ich saß in der Regionalbahn nach Salzburg, meine Glückshormone purzelten, denn ich kam meinem geliebten Herzensmann immer näher. Zumindest bis nach Bad Endorf – dann hieß es: Endstation – alles aussteigen – es habe auf der Strecke einen schweren Unfall gegeben – aber der

Schienenersatzverkehr sei schon angefordert. Ich lief mir vor Aufregung beinahe meine Füße wund, bis ich endlich einsehen musste, dass ich den vereinbarten Zeitpunkt unseres Treffens unmöglich schaffen konnte, selbst wenn Josef eine Weile auf mich warten würde – falls er überhaupt da sein sollte … mein Kopfkino spielte gerade ein großes Drama ab, und so sank ich auf eine Bank. Die Enttäuschung war mir ins Gesicht geschrieben, und ich konnte meine Tränen kaum noch aufhalten.

Da sprach mich plötzlich eine Frau, ähnlich festlich gekleidet wie ich, an: „Wollten Sie auch zu den Salzburger Festspielen?" Da es mir in meiner Verzweiflung die Kehle zuschnürte, konnte ich nur nicken. Dann strahlte sie mich an und teilte mir mit, dass sie mit ihrer Schwester auch gerade auf dem Weg dorthin sei und in wenigen Minuten nun ihr Mann käme, um sie noch pünktlich nach Salzburg zu bringen und: Im Auto war noch ein Sitzplatz frei!

Was soll ich noch sagen – Glück im Unglück – ich schaffte es gerade noch rechtzeitig. Schon von Weitem sah ich meinen Herzensmann mit einer roten Rose auf mich zukommen …

Zum Glück habe ich mit meinen Rettern die Kontaktdaten ausgetauscht, denn zu ihnen entstand eine enge Freundschaft. Ja, sie wurden sogar unsere Trauzeugen und haben erst letzte Woche mit uns auf unseren zehnten Hochzeitstag angestoßen.

EIN JA
ZU MIR

Du verstehst mich,
auch wenn ich nicht immer die richtigen Worte finde.

Du siehst mich,
auch wenn ich mich anders zeige, als ich mich wirklich fühle.

Du hörst mich an,
selbst wenn du anderer Ansicht bist.

Du nimmst dir Zeit für mich,
selbst wenn du sehr beschäftigt bist.

Dass du mich verstehst,
siehst, hörst und bei mir bist – hilft mir,
immer mehr mich selbst zu erkennen und an mich zu glauben!

Danke, dass es dich gibt.

Aus dem Buch: Geschichten, die dein Herz berühren

Das Geschenk des Lebens ist: ein Herz zu haben.
Das Geschenk der Liebe ist: im Herzen eines anderen zu sein.

Begegnung

Es gibt keine
zufälligen Begegnungen
in unserem Leben.
Manche sind Prüfungen,
manche Lektionen,
manche Geschenke.
Jedoch die
wertvollsten Begegnungen
berühren unser Herz.

FREUDE
AM LEBEN

Eine Frau lag am Strand und amüsierte sich über Kinder, welche geschäftig den ganzen Tag an einer riesigen Sandburg bauten. Gerade als sie die letzten Türmchen aufsetzten, kam eine riesige Welle und zerstörte das gesamte, kunstvoll errichtete Bauwerk. Die Frau war zutiefst bestürzt. Doch zu ihrer Verwunderung sah sie, dass die Kinder lachten und vergnügt den Strand hinunterliefen.

„Ich sollte mein Leben nicht immer so schwer nehmen", dachte sie, „und wieder mehr Leichtigkeit zulassen."

Würze die Schwere des Lebens
mit der Leichtigkeit des Seins.

Freude

LEBENSFREUDE BEDEUTET:

Sich über Kleinigkeiten zu freuen,
aus jeder Situation
das Beste zu machen,
den Augenblick zu genießen,
im Regen zu tanzen,
und auch mal
über sich selbst zu lachen.

Licht &

Wenn du auf
Menschen triffst,
die nicht lächeln können,
dann schenk ihnen
ein Lächeln von dir.

Schatten

Wer die Schattenseiten
des Lebens kennengelernt hat,
der weiß erst recht
die Sonnenseiten
zu genießen.

DER VERZWEIFELTE
SCHREINER

Es war einmal ein Schreiner, in dessen Haus viel gelacht und oftmals Feste gefeiert wurden. Doch eines Abends hörten die Nachbarn lautes Jammern, Weinen und Klagen. Sogleich kamen sie angelaufen, um zu schauen, was geschehen war und um, falls nötig, ihre Hilfe anzubieten. „Mir ist nicht mehr zu helfen", klagte der Schreiner. „Der König hat mir aufgetragen, bis morgen früh hundert Säcke Sägemehl für seine neue Pferderennbahn zu liefern, ansonsten würde er mir den Kopf abgeschlagen lassen! Tag und Nacht habe ich seither gesägt und gesägt, jedoch nur zwölf Säcke vollbekommen. Es ist einfach schlicht unmöglich, meine Haut noch zu retten."

Daraufhin meinten die Nachbarn, dass Verzweiflung die momentane Lage auch nicht besser machen würde. Sie sollten lieber lachen und frohen Mutes sein und all ihre Sorgen Gott anvertrauen. Die Nachbarn und Freunde liefen heim und besorgten die besten Speisen und die erlesensten Weine, die sie nur auftreiben konnten. So wurden die ganze Nacht hindurch frohe Lieder gesungen, die Menschen feierten und tanzten ausgelassen.

Als die Morgenröte aufzog, fielen alle in tiefes Schweigen. Nacheinander verabschiedeten sich die Gäste und ließen den Schreiner mit seiner Familie für seine letzte Stunde allein. Er war gerade dabei, sich von seiner Frau und seinen Kindern zu verabschieden, als die Soldaten des Königs kräftig an seine Tür schlugen. Der Schreiner wusste nur zu gut, dass seine letzte Stunde nun geschlagen hatte. Er nahm noch schnell seine Familie in die Arme, bevor er sich seinem Schicksal stellte und die Haustüre öffnete.

„Bist du taub Schreiner, was brauchst du so lange?", wurde verärgert gerufen. „Mach dich sofort an die Arbeit und schreinere den schönsten, edelsten und kostbarsten Sarg, den du nur machen kannst. Unser ehrwürdiger König ist in dieser Nacht gestorben."

Nach einem Märchen

Mut

Vieles im Leben
kommt oft ganz anders,
als man denkt.
Vielleicht sollten wir
uns weniger Sorgen
auf Vorrat machen und
dafür das Leben mehr genießen.

Lebens –

Wer stets einen Rucksack
voller Kummer und Sorgen
aus der Vergangenheit
mit sich herumträgt,
der kann selten in der Zukunft
wirklich sorgenfrei,
unbeschwert und glücklich sein.

Zeit

Wer sich Zeit nimmt,
um sich über unwichtige
Kleinigkeiten aufzuregen,
wird weniger Zeit finden,
die wirklich wichtigen Dinge
im Leben aufregend zu finden.

UNTERSCHÄTZT ...
WETTE GEWONNEN

Bei einem Klassentreffen stellte sich heraus, dass es der Dümmste der ganzen Klasse zum größten Reichtum gebracht hatte. Auf die Frage, wie er zu so viel Geld gekommen sei, antwortete er schlicht: „Ich habe Wetten abgeschlossen und gewonnen."

Da dies weder seine Klassenkameraden noch seine ehemaligen Lehrer glauben wollten, machte er mit ihnen einen kurzen Test. Er wettete, dass ihm niemand drei aufeinanderfolgende Worte nachsagen könne. Der einstmals Klassenbeste drängte sich vor und wollte sich beweisen. Als erstes Wort wurde ihm „Klassentreffen" vorgegeben, als zweites Wort „Hydraulikmotor". Als der Klassenbeste die beiden Wörter einwandfrei nachgesprochen hatte, sagte der andere: „Falsch."

Etliche andere Klassenkameraden und Lehrer versuchten sich ebenfalls zu den unterschiedlichsten Begriffen wie: Sternschnuppe, Funktionsprinzip, Säbelzahntiger, Multimillionär – alle Wettkandidaten jedoch bekamen nach dem zweiten Begriff stets ein „FALSCH" zur Antwort.

Mit ihrer Weisheit am Ende fragten die Wettkandidaten den Dummen, was denn falsch an ihren Aussagen gewesen sei.

Mit einem Schmunzeln und ein paar hundert Euro mehr in der Tasche erklärte er, dass ihm bisher noch kein einziger Mensch das dritte und entscheidende Wort „falsch" nachgesprochen habe. Jeder einzelne habe sich bisher, anstatt um die Ecke zu denken, sofort in seiner Eitelkeit gekränkt oder persönlich angegriffen gefühlt.

> *Das Leben zeigt es immer wieder, welch große Macht*
> *eine diplomatische Fragestellung hat.*

Werte

Oft schätzt man das,
was man hat, erst dann,
wenn man dabei ist, es zu verlieren.
Daher sollte Wertschätzung
auf unserer täglichen
To-Do-Liste stehen.

DIE KUNST
DES LOSLASSENS

Ein mächtiger Kaiser unterhielt sich angeregt mit einem Weisen. Da stellte der Monarch eine für ihn wichtige Frage:

„Mich quälen ständig negative Gedanken und Gefühle. Ebenso begrenzen mich mein Ärger, meine Wut und mein Zorn. Sagt mir, was kann ich nur tun, um mich von all dem zu befreien?"

Daraufhin umklammerte der Weise die nächste Säule und rief laut und eindringlich: „Lass mich los, lass mich los, ich möchte mich von dir befreien!"

Der Kaiser überlegte gerade, ob der Weise wohl seinen Verstand verloren habe, als dieser die Säule losließ, sich verneigte und den Palast verließ. Der Kaiser lächelte, denn er hatte verstanden.

Wenn du loslässt, hast du zwei Hände frei.
Chinesisches Sprichwort

Loslassen

Loslassen erfordert weniger
Kraftaufwand als Festhalten.
Dennoch wird es oft
als schwerer empfunden.

Danke

Einen glücklichen Tag
beginnt man am besten
mit einem Lächeln
und Freude im Herzen.

Einen glücklichen Tag
beendet man am besten
mit einem Lächeln
und Dankbarkeit im Herzen.

Danke

Je stärker man sich bewusst macht,
wofür man im Leben dankbar sein darf,
desto weniger Gründe finden sich,
unzufrieden im Leben zu sein.

DANKBARKEIT und ZUFRIEDENHEIT
sind eng verbunden mit
GLÜCK!

ZUM GLÜCKLICHSEIN
ENTSCHIEDEN

Eine 93-jährige Dame hatte sich entschlossen, ihren Wohnsitz in ein Seniorenheim zu verlegen.

Eine freundliche Pflegerin brachte sie zu ihrem Zimmer. Auf dem Weg dorthin beschrieb sie, wie es eingerichtet sei. „Ich weiß, dass mir das Zimmer gut gefällt und ich freue mich darauf", sagte die Ältere. Dann erklärte die Angestellte ihr die Wahlmöglichkeiten der Speisen. „Ich weiß, dass die Küche gut ist und mir alles schmecken wird." Sichtlich irritiert fragte die Jüngere: „Aber, Sie waren doch noch nie bei uns. Wie können Sie dann wissen, dass alles zu Ihrer Zufriedenheit sein wird?"

„Wissen Sie, vor vielen Jahren musste ich lernen, dass vieles im Leben nicht so kommt, wie man es erwartet. Daher habe ich beschlossen, jeden Tag so anzunehmen, wie er ist, so als hätte ich ihn mir genauso gewünscht. Und glauben Sie mir, ich hätte in meinem Leben genug Gründe zum Jammern gehabt, aber das hätte mir auch nicht geholfen und mich womöglich noch krank gemacht. Ich wollte nicht länger unglücklich sein, so habe ich mich zum Glücklichsein entschieden.

Daher bin ich jeden Morgen dankbar für alles, was der Tag mir bringen möge. Jeden Abend bedanke ich mich für alles, was mir der Tag geschenkt hat."

Glück

Deponiere so viele Glücksmomente
wie nur möglich
auf deiner persönlichen
Bank der Erinnerungen,
denn die Rendite ist erstaunlich.
In schwierigen Zeiten
kannst du dich
jederzeit daran bedienen,
ohne dass der Kontostand
weniger wird.

Gegenwart

Ich muss nicht wissen,
was die Zukunft für mich bereithält,
denn ich nehme jeden Tag
als ein Geschenk:
Egal was kommt,
ich mache stets das Beste daraus.

Zukunft

Gib dem Heute
mehr Raum.
Gib dem Gestern
weniger Platz.
Gib dem Morgen
mehr Möglichkeiten.

Das wahre Leben
findet **HEUTE** statt.

WAS BIN
ICH WERT?

Ich war ein winziges Samenkorn, als mich eines Tages der Wind davongetragen hat. Das war ein herrliches Gefühl, so lustig durch die Lüfte zu schweben – bis ich plötzlich an einer hohen Steinmauer anschlug, um letztendlich auf der Erde zu landen. Zu meinem Glück fiel ich auf weichen Boden, und ich fing an auszutreiben. Meine Wurzeln fanden schnell den Weg in die Erde, und meine Triebe reckten sich dem Himmel entgegen. Als ich ein Jahr alt war, wurde ich von sämtlichen Spaziergängern bewundert, was für ein hübsches Bäumchen ich doch sei. Das machte mich mächtig stolz und glücklich. Bestrebt, ein besonders großer Baum zu werden, wuchs ich schnell in die Höhe und vergaß dabei beinahe, meine Wurzeln zu festigen. Nachdem mich ein Herbststurm ziemlich gebeutelt hatte, konzentrierte ich mich wieder mehr auf meine Standfestigkeit. Doch dann stießen meine Wurzeln an etwas Hartes und Undurchdringbares. Der Weg, den meine Wurzeln einschlagen wollten, war durch die Mauer versperrt, also musste ich immer wieder ausweichen und eine andere Richtung nehmen. Also wuchs ich von der Mauer weg, dann nach rechts und nach links und schließlich wieder ein wenig in die Höhe. Immer öfter geschah es, dass vorüberkommende Menschen über mich spotteten: „Was ist er doch nur für ein hässlicher, unförmiger Brennholzlieferant geworden. "Ich sah an mir herunter und betrachtete mich mit den Augen der Menschen. Das machte mich sehr traurig. Ich schämte mich von da an und hatte keine Freude mehr am Leben. Bis mich eines Tages ein paar Kinder entdeckten: „Schaut mal, was für ein toller Baum das ist!" Ich konnte kaum bis drei zählen, so schnell waren sie lachend auf meine Äste geklettert und turnten ausgelassen auf mir herum. Schaukeln wurden an meinen Ästen befestigt, und sogar Bänke wurden in meinem Schatten aufgestellt. Wieder sah ich an mir herunter und sah mich mit den Augen der glücklichen Kinder. Das machte mich froh. Ich erkannte meine Besonderheit und hatte wieder Freude an meinem Leben - mindestens so viel wie damals, als ich noch ein besonders hübsches Bäumchen gewesen war.

Stolz

Mach einmal eine Reise
in deine Vergangenheit.
Was hast du schon alles gesehen,
erlebt und gefühlt?
Was hast du bereits
gelernt und erfahren?
Wie viele Aufgaben hast du gemeistert,
und welche Probleme gelöst?
Wem hast du deine
Unterstützung angeboten?
Deshalb klopf dir mal
selbst auf die Schultern,
und sei endlich einmal
STOLZ AUF DICH!

Du bist

Ein Gänseblümchen
kann keine Rose sein,
eine Forelle kein Zander,
eine Amsel keine Nachtigall
und eine Katze kein Tiger.

Aber jeder kann auf seine Art
etwas ganz Besonderes sein.

besonders

Wenn wir versuchen,
uns so zu geben
oder so zu sein wie andere,
können wir niemals
unsere Einzigartigkeit
zum Ausdruck bringen.

Ich

Endlich habe ich gelernt,
mich selbst zu lieben, so wie ich bin.
Erst habe ich erkannt,
wie viel ich schon ertragen habe.
Dann habe ich gesehen,
was ich bereits alles geschafft habe.
Nun weiß ich,
dass ich noch zu viel Größerem
fähig bin und dass
das Glück mir zusteht!

ORIENTIERUNGS
HILFE

Eine Frau war zu Besuch in einer fremden Stadt und hatte sich verlaufen. Sie hatte sich mit ihrer Tante in einem Kaffeehaus im Stadtpark verabredet und befürchtete nun, dass sie zu spät kommen würde. Da sah die Frau ein junges Mädchen an einer Bushaltestelle auf einer Bank sitzen und fragte das Kind nach dem Weg.

„Tut mir leid, ich bin neu in der Stadt. Aber ich bin mir sicher, dass Sie in diese Richtung gehen müssen." Mit diesen Worten deutete das Mädchen in die Richtung, aus der ein Vogelschwarm geflogen kam. „Wie kommst du denn darauf?", fragte die Frau das Mädchen. „Können Sie die Bäume und Sträucher denn nicht riechen? Auch die Vögel hört man aus dieser Richtung zwitschern." Die Frau fragte weiter: „Aber wie kannst du dir so sicher sein, dass sich die Vögel im Park befinden und nicht auf irgendeinem allein stehenden Baum?" Das Mädchen lächelte: „Weil ein einzelner Baum niemals so intensiv duften und auch niemals so viele unterschiedliche Aromen vereinen könnte. Es riecht ganz stark nach Lindenblüten, Lavendel, nach Rose, Rosmarin und vielen anderen Blüten. Und wenn Sie ganz tief einatmen, dann können Sie sogar Kaffeeduft wahrnehmen."

Die Frau war zutiefst beeindruckt und wollte sich mit einem Handschlag bei dem Mädchen bedanken. Da erst bemerkte sie, dass das Kind blind war.

Wenn du deine Augen öffnest, kannst du sehen.
Wenn du deine Ohren öffnest, kannst du hören.
Wenn du deinen Mund öffnest, kannst du singen.

Wenn du dein Herz öffnest, kannst du sehen, hören, singen und FÜHLEN.

WOCHENPLAN
ZUM GLÜCKLICHSEIN

	morgens	mittags	abends
Montag	Zufriedenheit	Liebe	Dankbarkeit
Dienstag	Zufriedenheit	Liebe	Dankbarkeit
Mittwoch	Zufriedenheit	Liebe	Dankbarkeit
Donnerstag	Zufriedenheit	Liebe	Dankbarkeit
Freitag	Zufriedenheit	Liebe	Dankbarkeit
Samstag	Zufriedenheit	Liebe	Dankbarkeit
Sonntag	Zufriedenheit	Liebe	Dankbarkeit

*Viele kleine Wunder verstecken sich hinter der Kulisse des Alltags
und warten auf die glücklichen Finder.*

Glück

Wie oft vergessen wir,
im Alltagsstress innezuhalten.
Dabei sind es die vielen
kleinen Selbstverständlichkeiten,
die zum Glücklichsein beitragen.

Glück im

Die glücklichsten Menschen
sind diejenigen,
die nicht von allem
das Beste haben,
aber aus allem
das Beste machen.

Herzen

GLÜCK bedeutet für mich,
sich von Herzen freuen zu können,
viel zu lachen,
zu genießen und dankbar
selbst für Kleinigkeiten zu sein.
Dazu gehört es auch,
den Glauben daran,
das Glück verdient zu haben,
in sich zu tragen!

NEUE
STADTMAUER

Vor vielen Jahren gab es einen Statthalter, der seinem König folgenden Brief zukommen ließ: „Sämtliche Stadtmauern sind brüchig und zum Teil bereits eingefallen. Um weiterhin für Sicherheit in der Stadt garantieren zu können, rate ich dringend an, die Mauern erneuern zu lassen. Wie lautet Eure Anweisung?"

Der Monarch ließ dem Statthalter, der als herrischer Tyrann bekannt war, ein Antwortschreiben zukommen: „Begegnet jedem Menschen mit Respekt und Höflichkeit. Heißt Besucher, Händler sowie Hilfsbedürftige Willkommen. Reinigt eure Straßen von Angst und Unterdrückung. Ersetzt Mauern durch Gerechtigkeit und Menschlichkeit. Dann besteht kein Bedarf mehr, Mauern aus Stein zu errichten."

Ganz egal, in welcher Position sich ein Mensch befindet,
es sollte ihm nie an Höflichkeit und Respekt mangeln.
Das ist ein Zeichen von wirklich wahrer Größe.

Miteinander

Zu viele der erbauten Mauern sperren
ein und verhindern ein Miteinander.
Brüchige und eingefallene Mauern
sollte man daher nicht wieder
neu aufbauen,
sondern mit den Steinen,
aus denen sie bestanden,
Straßen pflastern und Brücken bauen,
auf denen die Menschen
aufeinander zugehen können.

mach dich

Wenn du dich
nach einem Menschen sehnst,
der dich glücklich machen kann,
der immer für dich da ist,
der dir deinen Tag erhellt,
der dir Kraft geben kann,
der dir Mut macht,
der dein Leben verändern kann ...
dann wirf einen Blick in den Spiegel!

glücklich

Der Verstand braucht Fakten.
Die Augen brauchen Bilder.
Die Ohren brauchen Töne.
Die Nase braucht Gerüche.
Das Herz braucht Gefühle.
Die Seele braucht Frieden.
Die Menschheit braucht Liebe.

WENN MAN
HILFE BRAUCHT

Eine ältere Dame hatte sich heillos verfahren. Zu allem Unglück blieb auch noch ihre Limousine liegen, weil das Benzin ausgegangen war. Da stand die Frau nun allein, im tiefsten Winter, ohne Reservekanister, ohne Handy und ohne die geringste Ahnung, wo sie sich befand. Die wenigen Fahrzeuge, die in den kommenden Stunden an ihr vorüberfuhren, wollten ihr verzweifeltes Winken nicht bemerken. Als die Dämmerung bereits hereingebrochen war und ihre Verzweiflung immer größer wurde, stoppte endlich ein junger Mann in einem alten, klapprigen Wagen. Er bemerkte sofort, wie durchgefroren die Frau war und reichte ihr heißen Tee aus seiner Thermoskanne. Dann holte er seinen Reservekanister aus dem Kofferraum, um dessen Inhalt in den Tank der alten Dame zu füllen, nebenbei erklärte er ihr den Weg zur nächsten Tankstelle. Die Dame erkundigte sich, was sie ihm schuldig sei, und dem Mann war sofort klar, dass ihr jeder Betrag recht gewesen wäre. „Ich nehme kein Geld für Selbstverständlichkeiten", sagte er lächelnd, „ich habe Ihnen gerne geholfen. Außerdem glaube ich fest daran, dass all das Gute, das man im Leben gibt, auf irgendeine Weise wieder zurückkommt!" Nachdem die Dame an der Tankstelle ihre Limousine wieder vollgetankt hatte, machte sie Rast in dem einzigen kleinen Gasthaus, das es in dem Ort gab. Von einer freundlichen Bedienung wurde sie zu einem gemütlichen Platz am warmen Ofen geführt. Als sie nach dem Essen die Rechnung beglich, sah sie in der Geldtasche der jungen Kellnerin ein Foto, auf welchem sie ihren Helfer in der Not erkannte. Daraufhin verwickelte die ältere Dame die Bedienung in ein Gespräch ... Nach Feierabend lief die junge Frau nach Hause. Sprachlos überreichte sie ihrem Mann eine beschriebene Serviette, die die ältere Dame auf dem Tisch hinterlassen hatte und auf der geschrieben stand: „Sagen Sie Ihrem Mann, dass er Recht hat. All das Gute, das man im Leben gibt, kommt auf irgendeine Weise wieder zurück. Und er soll seinen Reservekanister wieder auffüllen!" Da erst bemerkte der Mann die vielen Geldscheine, welche in die Serviette eingewickelt waren.

Geben

Wenn ich anderen Menschen
eine Freude bereite,
beschenke ich mich selbst.

Seelen–

Es gibt Menschen,
auf die kann man sich verlassen.
Sie sprechen, was wahr ist,
sie halten ihr Wort,
sie helfen in der Not,
sie trösten dich,
sie freuen sich für dich ...
Ohne diese Menschen
würde etwas fehlen.
Freunde sind sehr wertvoll
und daher unbezahlbar.

Frieden

In Frieden zu leben heißt nicht,
frei von Konflikten zu sein.
In Frieden zu leben ist die Kunst,
Konflikte bewältigen zu können.

Die Sonne scheint denen,
die mit dem Herzen denken
und nach ihrem Gefühl handeln.

BEGEGNUNGEN FÜRS HERZ

Viele Menschen schauen dich an,
doch sie wissen nicht, wer du wirklich bist.

Viele Menschen kennen dein Lächeln,
doch sie wissen nicht, was sich dahinter verbirgt.

Viele Menschen hören, was du sprichst,
doch sie wissen nicht, was du sagen möchtest.

Viele Menschen lesen, was du schreibst,
doch sie wissen nicht, was sich zwischen den Zeilen verbirgt.

Viele Menschen meinen, sie kennen dich,
doch sie wissen nicht um dein Innerstes.

Viele Menschen lernt man im Laufe eines Lebens kennen,
doch nicht alle wissen, dass die wirklichen Begegnungen
im Herzen geschehen.

Daher sei dankbar für alle die Menschen,
die dir wirklich begegnet sind
und die dein Herz berührt haben.

*Ehrliche Menschen leben viel entspannter als Lügner,
denn sie müssen sich nicht merken, wem sie welche Lüge aufgetischt haben.*

Tiefe

Menschen,
die mit Vorurteilen behaftet sind,
treffen leider oftmals Fehlurteile.
Unvoreingenommene Menschen
hingegen treffen bei Begegnungen
oft auf ganz besondere Menschen.

WAS WIRKLICH ZÄHLT

Es war einmal ein reicher, geiziger Mann, der im Sterben lag. Er rief seine Söhne zu sich und ließ sie schwören, ihm einen Beutel voller Goldmünzen mit in den Sarg zu legen.

Als der Mann im Jenseits angekommen war, erkannte er beglückt, dass er im Paradies sein musste. Überall sah er sich umgeben von Pracht und Schönheit. Er entdeckte die feinsten Speisen sowie die edelsten Weine. Zu seiner großen Freude sah er, dass jedes Gericht nur einen Groschen kostete!

Als er sich ein ausgiebiges Menü bestellte, wurde er gefragt, ob er auch bezahlen könne. Da zeigte der Mann stolz auf seinen großen Beutel, der prall gefüllt war mit wertvollen Goldmünzen.

„Tut mir leid mein Herr, hier nehmen wir kein Geld, das Sie erworben haben. Hier zählt nur der Wert des Geldes, das Sie zu Lebzeiten verschenkt haben."

Zu spät erkannte der reiche Mann, wie arm er nun war. Denn er hatte in seinem ganzen Leben keinen einzigen Groschen verschenkt.

Neufassung einer Geschichte

> *Manchem fehlt nur die Zeit, um glücklich zu sein,*
> *die Zeit, die ihm die Habgier raubt.*
>
> Emanuel Wertheimer (1846 - 1916)

Wichtig

Der größte Wert …
REICHTUM,
wurde mir gesagt, sei das Wichtigste
im Leben, so erlangte ich Reichtum,
war aber nicht zufrieden.
ZUFRIEDENHEIT
dachte ich mir, ist das Wichtigste
im Leben, aber dann wurde ich
schwer krank.
Da erst erkannte ich,
dass das Wichtigste im Leben wohl die
GESUNDHEIT ist.

Weg &

Um deine Ziele zu erreichen,
brauchst du
MUT, KRAFT und GLAUBEN.

Den **MUT**,
um zu beginnen.
Die **KRAFT**,
um durchzuhalten.
Den **GLAUBEN**,
um es zu erreichen.

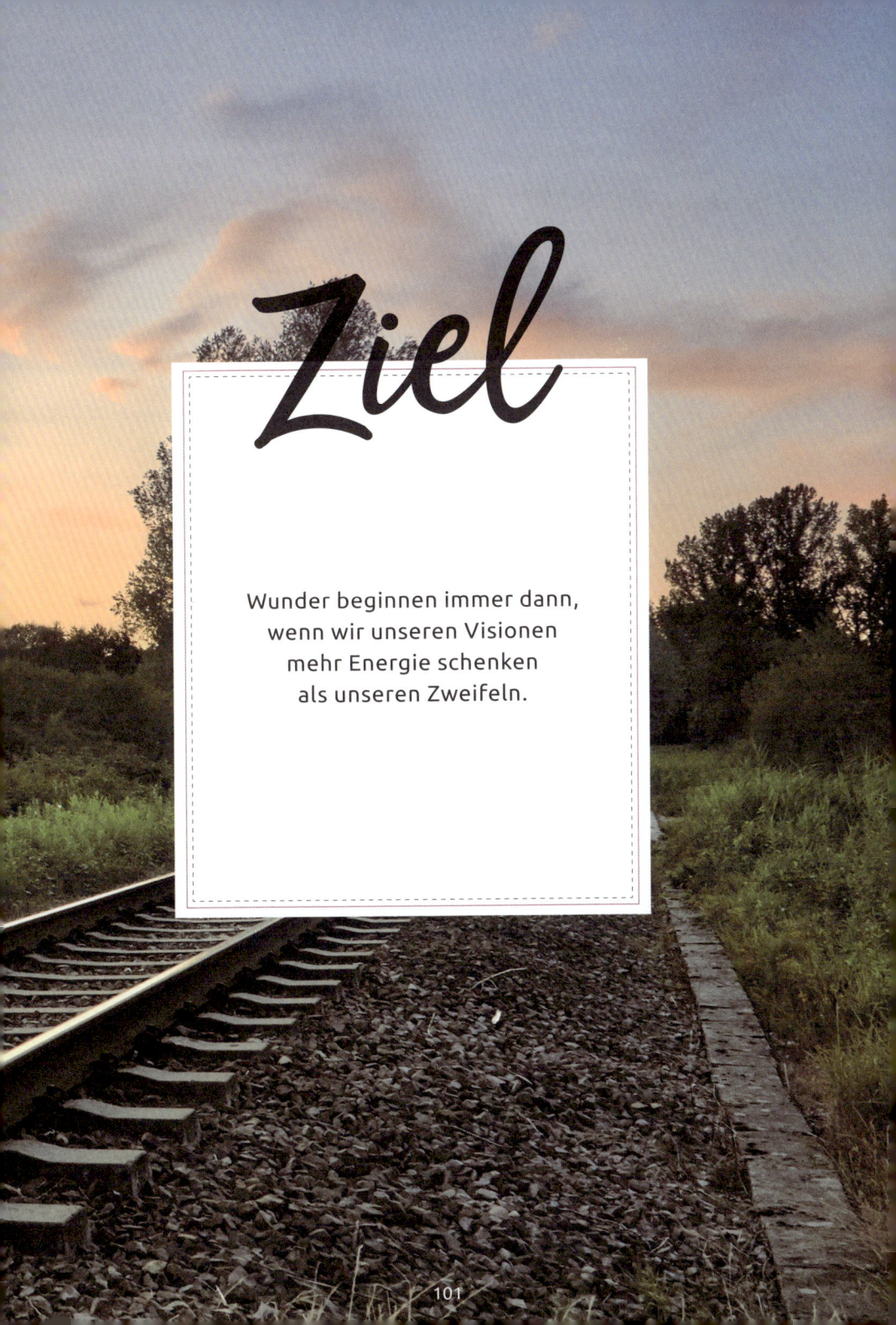

Ziel

Wunder beginnen immer dann,
wenn wir unseren Visionen
mehr Energie schenken
als unseren Zweifeln.

DER
HELLSEHER

Im Wald gab es einen neuen Arzt, dem hellseherische Kräfte nachgesagt wurden.

Der Hase suchte ihn wegen seiner heftigen Bauchschmerzen auf und fragte ihn, ob er sterben müsse. Der Arzt antwortete mit JA und keine drei Wochen später war der Hase tot.

Der Bär kam zu dem Mediziner, da er schreckliche Koliken hatte. Auf die Frage hin, ob er sterben müsse, wurde ihm mit einem JA geantwortet und keine drei Wochen später war der Bär tot.

Der Fuchs wurde angeschossen und fragte den Arzt, ob er sterben müsse. Auch ihm wurde mit einem JA geantwortet und keine drei Wochen später lag der Fuchs tot in seinem Bau.

Eine Rehmutter litt unter schrecklichen Kopfschmerzen. Auch sie suchte den Mediziner auf und stellte die Frage, ob sie sterben müsse. Er antwortete auch ihr mit einem JA. Daraufhin fragte sie: „Wann?" „Das kann ich Ihnen leider nicht sagen", antwortete der Arzt, „ich bin ja schließlich kein Hellseher!

Wenn die Angst an die Tür klopft,
dann versteckt sich oftmals der Verstand.

Gedanken

Ein Optimist weiß sehr wohl,
dass nicht immer alles gut gehen kann.

Aber er weiß ebenso,
dass nie alles schiefgehen wird.

Bleib

Wer positive Gedanken weitergibt,
ist eine Bereicherung für andere.

positiv

Deine innere Einstellung
ist immer entscheidend
für die Beantwortung der Frage,
ob dein Glas
halbleer oder halbvoll ist.

DAS BÜNDNIS
DER STIERE

Drei Stiere schlossen ein Bündnis, um gemeinsam stark zu sein. Sie wollten füreinander da sein, gegenseitig auf sich aufpassen und miteinander für ein gutes Leben sorgen.

Lange Zeit hatte es der Löwe daher nicht gewagt, das Trio anzugreifen. Doch eines Tages plagte den Löwen der Hunger und er wagte einen Versuch, die Gruppe zu attackieren. Die Tiere jedoch berieten sich und reckten ihm ihre Hinterteile zu, sodass er hart daran abprallte und das Weite suchte.

Am nächsten Tag versuchte der hungrige Löwe erneut sein Glück. Wieder waren die Stiere vorbereitet. Sie empfingen den Angreifer mit ihren Hörnern und wirbelten ihn durch die Lüfte.

Tags darauf, als der Hunger ihn fast um den Verstand brachte, schmiedete er einen Plan. Er entfachte unter den drei Stieren Uneinigkeit. Im schlimmen Streit löste das Trio sein Bündnis wieder auf und jeder ging seiner eigenen Wege.

Innerhalb kürzester Zeit hatte der Löwe jeden der Stiere gefunden, getötet und verzehrt.

Neufassung einer Fabel

> *Die Eintracht baut das Haus, die Zwietracht reißt es nieder.*
> *(Sprichwort)*

EIN
GUTER FREUND

Ein guter Freund hat den Mut, mir die Wahrheit zu sagen,
selbst wenn ich diese gar nicht hören mag.

Ein guter Freund hilft mir, mich zurechtzufinden,
wenn ich von meinem Weg abgekommen bin.

Ein guter Freund schenkt mir Kraft,
anstatt mir diese zu rauben.

Ein guter Freund ist jemand,
der mich auch ohne Worte versteht.

Es gibt Freunde, welche den Kopf voller Wissen haben
und Ratschläge erteilen.

Die wichtigsten Freunde haben
Ohren zum Zuhören und Hände zum Helfen.

Die wertvollsten Freunde
haben ein Herz voller Liebe.

*Gute Freunde sind wertvoll
und daher unbezahlbar.*

Freunde

Freunde sind wie Engel,
die ihre Flügel über uns ausbreiten,
wenn wir vergessen haben,
wie man fliegt.

Du bist

Freunde bringen dich zum Lachen,
auch wenn dir mal gar nicht
zum Lachen zumute ist.
Freunde verstehen dich,
selbst wenn du selbst
dich nicht verstehst.
Freunde sind immer für dich da
und somit ein
unbezahlbares Geschenk.

wunderbar

Zwei Hände,
die deine Tränen trocknen,
wenn es dir schlecht geht,
sind mehr wert,
als Tausende von Händen,
die applaudieren,
wenn du erfolgreich bist.

DER GEIGER UND
DER BAMBUSBAUM

Ein weltberühmter Geiger gestand in einem Interview: „Berühmt geworden bin ich tatsächlich über Nacht. Bis zu dieser Nacht allerdings hat es viele Jahre gebraucht. Nur wenige Tage vor meinem Durchbruch war ich kurz davor gewesen, meine Musikkarriere komplett aufzugeben. Ich war jung und sah keinen Sinn mehr in den täglichen mühsamen Übungsstunden, an deren Ende letztlich ja doch kein Erfolg auf mich zu warten schien. Nur meinem damaligen Musikprofessor habe ich es zu verdanken, dass ich heute vor Ihnen stehe.

Er erzählte mir damals die Geschichte vom Bambusbaum: `Ein Mann hat einst einen Bambussamen in fruchtbare Erde gesetzt, diesen gegossen und gut gedüngt.

Dennoch wuchs der Baum im ersten Jahr keinen einzigen Zentimeter, ebenso wenig im zweiten und auch nicht im dritten Jahr. Aber im vierten Jahr schoss der Baum plötzlich aus der Erde und wuchs an manchen Tagen bis zu einem Meter in die Höhe. Dieses überraschende Wachstum war dem Bambus jedoch nur möglich, weil der Baum in den ersten Jahren ein weit ausgedehntes, unterirdisches Wurzelgeflecht gebildet hatte. `

Mein Professor beendete die Geschichte mit den Worten: `Es wäre sehr schade, wenn du, nachdem deine Wurzeln endlich fest im Boden verankert sind und sich in alle Richtungen ausgebreitet haben, den Moment nicht abwarten könntest, in welchem auch du deinen Stamm und die Blätter an der Oberfläche präsentieren könntest.`"

Erfolg

Es gibt viele „Geheimnisse",
die zum Erfolg führen.
Eine hohe Priorität haben hierbei:
Durchhaltevermögen
und Selbstvertrauen.

Glaub

Die Erfolgstreppe des Lebens
besteht aus vielen kleinen Stufen:
Den Stufen der Erfahrung,
vielen Stufen der Arbeit,
etlichen Stufen von Enttäuschungen,
aber auch manchen Stufen des Glücks.
Mit jeder erklommenen Stufe jedoch
kommt man seinem Erfolg immer näher.

an dich!

Je größer meine Begeisterung ist,
desto mehr ungeahnte Kräfte
entdecke ich in mir,
und das ist mein
Schlüssel zum Erfolg.

Sternen –

Manche Begegnungen mit Menschen
sind wie die Sternschnuppen,
sie beeindrucken für kurze Zeit – und
sind dann schnell verschwunden.
Manche Begegnungen mit Menschen
sind wie die Sterne,
sie leuchten nicht so hell aber immer
fortwährend an deiner Seite.

himmel

Wenn es Menschen
in deiner Umgebung gibt,
die dir für ein Lächeln oder ein
freundliches Wort dankbar sind,
bist du nicht nur eine Bereicherung
für das Leben anderer,
sondern es macht dich und dein Leben
liebenswert und wertvoll.

REZEPT FÜR EIN
GLÜCKLICHES LEBEN

Man nehme...
reichlich Liebe,
Dankbarkeit,
Hilfsbereitschaft
und Herzlichkeit.

In der Würzmischung dürfen
Ehrlichkeit,
Güte,
Verständnis,
Eigenliebe und Vertrauen
nicht fehlen.

Als Garnitur eignen sich bestens etwas
Diplomatie,
Feingefühl und
reichlich Humor.

Weitere Zutaten bitte je nach
Geschmack zugeben!

Träume

Folge der Stimme deines Herzens,
vertraue auf deine Stärken,
glaub an dich
und höre niemals auf zu träumen.

DIE SONNENSEITEN
DES LEBENS

Ich liebe meine jüngere Schwester wirklich sehr, doch oftmals wird mir ihre ständige Jammerei zu viel. Vorwiegend berichtet sie über all das Negative in ihrem Leben und in der Welt. Als ich mich bei meinem letzten Besuch verabschiedete, erzählte ich ihr noch eine Geschichte: » Die Lehrerin einer Abiturklasse kündigte einen Überraschungstest an. Zum Erstaunen der Schüler war lediglich ein schwarzer Punkt auf der Mitte des Blattes zu sehen. Sie erklärte, dass alle das aufschreiben sollten, was sie auf dem ausgeteilten Blatt Papier sehen würden. Die Schüler waren zwar sichtlich irritiert, doch sie begannen mit ihrer Arbeit. Zum Ende der Stunde hatten alle Schüler ausnahmslos den schwarzen Punkt beschrieben – seinen Durchmesser, Radius und den Flächeninhalt berechnet, die Position in der Mitte des Blattes bestimmt, sein Größenverhältnis zum Papier ermittelt ... Lächelnd sprach die Lehrerin zur Klasse: › Ich wollte euch lediglich eine Aufgabe zum Nachdenken geben. Kein Einziger hat etwas über den großen, weißen Teil auf dem Blatt Papier vermerkt. Jeder hat sich auf den schwarzen Punkt konzentriert. Genau das Gleiche geschieht oft in unserem Leben! Alle haben wir ein weißes Blatt Papier erhalten, um es zu nutzen und zu genießen. Und dennoch konzentrieren wir uns immer wieder auf die dunklen Flecken. Das Leben ist ein wunderbares Geschenk, das wir mit Liebe und Sorgfalt hüten sollten. Es gibt genau genommen immer einen Grund zum Lachen, Feiern und zum Freuen. Daher sollten wir dankbar sein, für all das Gute, das geschieht! Doch wir konzentrieren uns oft nur auf die dunklen Flecken. Im Vergleich zu dem, was wir in unserem Leben erfahren, sind die dunklen Flecken meist sehr klein, und dennoch sind sie diejenigen, die unseren Geist beschäftigen und unsere Lebensfreude trüben! ‹ « Ich ging noch kurz zum Schreibtisch, malte einen kleinen schwarzen Punkt auf ein weißes Blatt und gab dieses meiner Schwester. Tage später erhielt ich einen Brief von meiner Schwester. Darin befand sich das Blatt mit dem schwarzen Punkt. Dieser war jedoch kaum noch zu erkennen, da die weiße Fläche mit unendlich viel Positivem beschrieben worden war.

Sonne

Wende dein Gesicht der Sonne zu,
dann fallen die Schatten hinter dich.

Afrikanisches Sprichwort

DIE AUTORIN
GISELA RIEGER

Die Leidenschaft fürs Erzählen, für Geschichten und Anekdoten wurde Gisela Rieger sprichwörtlich in die Wiege gelegt: Schon als sie noch ein kleines Mädchen war, lauschte sie verträumt den Märchen und Sagen, die ihre Mutter ihr erzählte. Dieses Talent, das Gisela offensichtlich geerbt hat, hat auch Giselas Töchtern später so manche Autofahrt verkürzt – gerne nämlich haben sie wiederum den von ihrer Mutter zu allen möglichen Themen und Bereichen erfundenen Erzählungen zugehört und dabei die Zeit und die Langeweile vergessen. Gisela Rieger begeistert mit ihren Worten inzwischen aber längst nicht mehr nur ihre Töchter. In ihren Büchern weiß die Autorin ihre eigenen Erfahrungen und Gedanken geschickt mit wertvollen Botschaften zu verknüpfen. Für ihre kurzen Episoden und Anekdoten greift sie aber auch auf überlieferte Erzählungen und Weisheiten zurück, die schon vielen Generationen vor uns das Herz geöffnet und die Richtung gewiesen haben. Das Ergebnis sind wunderbar zu lesende berührende und inspirierende Geschichten, die ihr im Laufe der Jahre eine treue Leserschaft beschert haben. Ihre Geschichten-Abende erfreuen sich großer Beliebtheit. Die stets zahlreichen Zuhörer schätzen ganz besonders, dass die Autorin nicht nur aus ihren Büchern liest, sondern die meisten Geschichten frei und humorvoll erzählt.

Moderation und Motivation sind die Stärken Gisela Riegers bei ihren zahlreichen Workshops und Gruppentrainings. Erlebnisorientiert gestaltet die Autorin ihre individuell ausgearbeiteten Trainings und sorgt für ein erfolgreiches und harmonisches Miteinander im Team. Gerade bei diesen Veranstaltungen erweist sich ihr großer Erfahrungsschatz als sehr wertvoll und hilfreich. Besonders gerne gebucht werden ihre Sozialkompetenztrainings in Schulen und in Unternehmen.

Uwe Schäfer

Dipl. Erlebnisorientierte Teamtrainerin (CP)

BG RCI-Trainerin (Berufsgenossenschaft)

Zertifizierte Systemische Beraterin (Univ.)

Persönlichkeitstrainerin

Coach für Persönlichkeits-
und Teamentwicklung

Autorin

EIN HERZLICHES
DANKESCHÖN

♡ an meine kreative Grafikdesignerin Daniela Höfler, die mit ihrem Gespür für Gestaltung und Bilderauswahl diesem Buch sein Aussehen, verliehen hat. www.applevillage.de

♡ an meine Lektorin Ursula Ammersbach, die mein Buch beinahe zeitgleich mit der Geburt ihrer Tochter fertig lektoriert hat.

♡ an meine Fotografin und wertvolle Freundin Christina Maria Sellner

♡ an meine Testleser:

Christa Hanke, Erzieherin; Brigitte Staudt, Lehrerin; Gitta Beckers, Erzieherin; Felix Wollmann, Key-Account-Manager; Hubert Hausjell, Geschäftsführer Fa. GHV; Irina Rauthmann, Lyrikerin; Klaus Hanke, Bankkaufmann; Katharina Wollmann, HR-Management ; Lydia Winner, vielseitig interessierte Rentnerin; Martina Bergbauer, Heilpraktikerin für Psychotherapie; Monika Rieger, Krankenschwester; Petra Hierl, Lehrerin; Petra Laufenböck, Verwaltungsangestellte; Renate Lämmlein

♡ an Edeltraud Haischberger für den Gemeinschaftsspruch auf Seite 39 und den kreativen Gedankenaustausch www.haischberger.at

♡ an Dr. Sabine Schreiber-Costa für das Vorwort

Ich habe äußerst gewissenhaft recherchiert, um alle Quellen meiner verwendeten Texte zu vermerken. Weiterhin habe ich meine frei verfassten Zitate überprüft, ob nicht bereits ein anderer Autor, vor mir die selben Gedanken zu Papier gebracht hat. Sollte mir dennoch ein Fehler unterlaufen sein, bitte ich, mir dies mitzuteilen.

Dank

Die Dankbarkeit
ist eine Liebeserklärung
an das Leben und der
Schlüssel zum Glücklichsein.

GESCHICHTEN
FÜRS HERZ

Sie entdecken in diesen Büchern eine erlesene Vielzahl an berührenden, inspirierenden, motivierenden … Geschichten und Zitaten.

Manche davon sind direkt aus dem Leben gegriffen, und andere enthalten alte überlieferte Weisheiten. In den Erzählungen finden sich verborgene Botschaften, die zum Nachdenken oder zum Schmunzeln anregen und das Herz erfreuen.

Die Bücher sind in meinem Shop auf www.gisela-rieger.de (portofreier Versand innerhalb Deutschlands) erhältlich, ebenso in jeder Buchhandlung oder über Internetportale.

Inspirationen fürs Herz

120 Seiten,
durchgängig farbig,
mit Lesebändchen

ISBN 978 3 00 050869 1

14,90 € (DE)

Geschichten, die dein Herz berühren

120 Seiten,
durchgängig farbig,
mit Lesebändchen

ISBN 978 3 00 053788 2

14,90 € (DE)

111 Herzensweisheiten

120 Seiten,
durchgängig farbig,
mit Lesebändchen

ISBN 978 3 9819881 0 9

14,90 € (DE)

Inspirierende Geschichten fürs Herz:

3 Bände voller Erzählungen, Weisheiten und Zitate

ISBN 978 3 9819881 1 6

39,90 € (DE)